3 juin 1893

Vente du Samedi 3 Juin 1893

HOTEL DROUOT, SALLE N° 6

COLLECTION DE M. ***

TABLEAUX MODERNES

AQUARELLES, PASTELS

DESSINS

Me PAUL CHEVALLIER
COMMISSAIRE-PRISEUR
10, rue de la Grange-Batelière, 10

M. GEORGES PETIT
EXPERT
12, rue Godot-de-Mauroi, 12

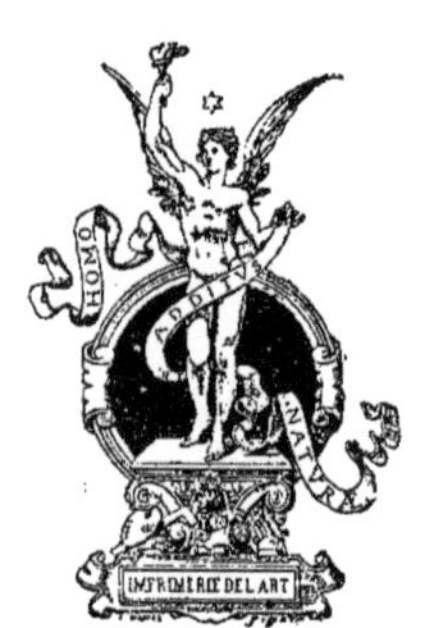
HOMO
ADDITVS
NATVRÆ
IMPRIMERIE DE L'ART

CATALOGUE

DE

TABLEAUX MODERNES

PAR

Baron, Bergeret, Berne-Bellecour, Bonvin, Courbet, Ed. Detaille
Diaz, J. Dupré, Fichel, Gegerfelt, Henner, Isabey, Jacque
Jongkind, Le Blant, L. Leloir, Lumirais, Munkacsy, Pils, Plassan, Ribot
Richet, Roybet, Stevens, Vollon, etc.

AQUARELLES, PASTELS, DESSINS

PAR

Andrieux, Arcos, Bertall, Bida, Bonvin, Boucher, Charlet, G. Doré
A. de Dreux, Felon, Gandi, Gavarni
Jacque, L. Leloir, H. Monnier, De Nittis, Vibert

Provenant de la Collection de M. ***

ET DONT LA VENTE AURA LIEU

HOTEL DROUOT, SALLE N° 6

Le Samedi 3 Juin 1893, à 2 heures précises

COMMISSAIRE-PRISEUR
Mᵉ PAUL CHEVALLIER
10, rue de la Grange-Batelière, 10

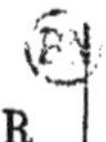

EXPERT
M. GEORGES PETIT
12, rue Godot-de-Mauroi, 12

EXPOSITION PUBLIQUE

Le Vendredi 2 Juin 1893, de 1 heure à 5 heures 1/2

CONDITIONS DE LA VENTE

Elle sera faite expressément au comptant.

Les acquéreurs payeront *cinq pour cent* en sus des adjudications.

Paris. — Imp. de l'Art. E. Menard et Cie, 41, rue de la Victoire.

DÉSIGNATION

PEINTURES

BARON

1 — *Tendre Lecture.*

Au temps d'autrefois; une jeune femme assise dans un fauteuil et attentive à la lecture que lui fait un gentilhomme debout près d'elle et souriant.
Signé à droite.

Panneau. Haut., 13 cent. 1/2; larg., 9 cent.

BARON

2 — *À la fontaine.*

Debout, drapée à l'antique, une jeune femme appuyée sur le plateau d'une aiguière.
Signé à droite.

Toile. Haut., 42 cent.; larg., 27 cent.

BERGERET

3 — *Poissons.*

Sur un étal de pierre, un écroulement de poissons qui déborde des paniers.

Signé à gauche.

Toile. Haut., 1 m. 40 cent.; larg., 2 m. 2 cent

BERGERET

4 — *Intérieur.*

Un intérieur campagnard; près de la porte, assise sur une chaise, bien au jour, une bonne femme tricote.

Signé à gauche.

Toile. Haut., 45 cent.; larg., 54 cent.

BERGERET

5 — *Fleurs.*

Signé à droite.

Panneau. Haut., 29 cent.; larg., 42 cent.

BERGERET

6 — *Intérieur.*

Signé à gauche.

Toile. Haut., 41 cent.; larg., 50 cent.

BERNE-BELLECOUR

7 — *En corvée.*

Comme ils étaient en corvée, ils se sont rencontrés et causent; au fond, à gauche, le campement, et plus loin, à l'horizon, la ville prochaine.

Signé à droite, 1879.

Panneau. Haut., 32 cent.; larg., 45 cent.

BONVIN

8 — *Le Serrurier.*

La pièce est serrée dans l'étau et l'ouvrier, vêtu d'une blouse rouge et protégé par un tablier de cuir, passe la lime qu'il maintient de ses deux mains.

Sur l'établi, en pleine lumière, une serrure et d'autres outils; au fond, pendus contre le mur, des limes, des ciseaux, un vilebrequin, etc.

Signé à droite; 1859-1872.

Panneau. Haut., 43 cent.; larg., 31 cent.

BRANDON

9 — *A la sacristie.*

Signé à gauche.

Panneau. Haut., 35 cent.; larg., 64 cent.

COCK

(C. DE)

10 — *Ruisseau sous bois.*

Sous le bois aux frondaisons frémissantes, le ruisseau serpente entre des rives de verdure; à droite, un bonhomme est assis sur le bord, en compagnie d'un chien blanc.

Signé à gauche.

Toile. Haut., 80 cent.; larg., 1 m. 20 cent.

COESSIN

11 — *Les Coulisses du cirque.*

Un hercule de foire, assis sur un tambour, en train de recoudre une draperie; devant lui, une écuyère.

Signé à droite.

Toile. Haut., 40 cent.; larg., 51 cent.

CORTAZZO

12 — *Comparaison.*

Une jeune femme en costume Empire, debout et comparant ses petits pieds chaussés de satin blanc aux brodequins d'un rustre, qui se trouvent là.

Signé à droite.

Panneau. Haut., 16 cent.; larg., 11 cent.

COURBET

13 — *Le Ruisseau.*

Sous un ciel bleu, entre des roches recouvertes de mousses et émergeant des verdures, le lit rocailleux d'un ruisseau.

Signé à droite.

Toile. Haut., 49 cent.; larg., 60 cent.

DESMAREST

(L.)

14 — *La Jeune Fille au tamis.*

Elle est assise sur un banc de pierre, vêtue de bleu et de gris, la main droite posée sur la convexité d'un tamis.

Signé en haut, à droite.

Toile. Haut., 71 cent.; larg., 56 cent.

DETAILLE

(ED.)

15 — *Chasseur à cheval.*

Un maréchal de logis de chasseurs à cheval, en selle sur un cheval bai de trois quarts à gauche.

Signé à gauche, 1880.

Panneau. Haut., 27 cent.; larg., 18 cent.

DETAILLE

(ED.)

16 — *Un Cavalier de l'armée d'Afrique.*

Debout, vu de dos, la tête tournée de profil à gauche, les gants passés dans la dragonne, le sabre porté en travers des reins et appuyant sur les courroies de la sabretache, les jambes écartées, le corps d'aplomb, l'air satisfait.

Signé à droite, 1876.

Panneau. Haut., 23 cent.; larg., 13 cent. 1/2.

DIAZ

17 — *Clairière.*

Le sol est tout hérissé de roches; au milieu, un bouquet d'arbres aux frondaisons jaunies couvre d'ombre le sentier dans lequel s'est engagée une paysanne; au fond, la ligne dentelée des collines sous le ciel où courent des nuages blancs.

Signé à droite.

Panneau. Haut, 25 cent.; larg., 33 cent.

DUPRAY

18 — *Chasseur à cheval, au galop.*

Signé à gauche.

Toile. Haut, 34 cent.; larg., 27 cent.

DUPRÉ

(JULES)

19 — *La Mare au chêne.*

C'est le soir; de grands nuages blancs courent dans le ciel où s'apaise une dernière clarté; au fond, des chaumes se voûtent au-dessus des bruyères; à droite, un buisson d'arbres aux troncs noueux se dresse au bord d'une mare que des roseaux hérissent.

Signé à droite.

Toile. Haut., 32 cent.; larg., 39 cent.

DUPRÉ

20 — *La Mare aux vaches.*

C'est le soir; sur le miroir frissonnant de la mare, le jour qui s'achève fait courir ses derniers rayons : devant, de grands arbres; sur les pelouses, des vaches pâturent. Ciel ennuagé.

Signé à droite.

Panneau. Haut., 24 cent.; larg., 31.

FAUVELET

21 — *Jalousie.*

Deux jeunes femmes en costume Louis XV sont assises; l'une d'elles écoute avec une dignité outragée les menaces d'un gentilhomme debout près d'elle, le regard sévère.

Signé à droite.

Panneau. Haut., 15 cent.; larg., 10 cent. 1/2.

FICHEL

22 — *Un Liseur.*

Dans sa bibliothèque, le vieux philosophe s'est assis au coin d'une table et lit attentivement le bouquin qu'il vient de prendre aux rayons étagés derrière lui.

Signé à droite, 1862.

Panneau. Haut., 13 cent.; larg., 11 cent.

FICHEL

23 — *Un Buveur.*

Il est assis à une table où s'appuie sa main portant une pipe de terre et, de l'autre main, il lève un verre de liqueur dont il examine la transparence en clignant de l'œil.

Signé à gauche, 1863.

Panneau. Haut., 14 cent.; larg., 11 cent.

GEGERFELT

24 — *Lever de lune; effet de neige.*

Entre les rives plates, couvertes de neige, d'où surgissent les chaumières aux toits empanachés de fumée, le canal offre son miroir de glace, aux reflets de la lune qui monte, et des gens s'en reviennent de leur besogne en patinant.

Signé à gauche, 1879.

Panneau. Haut., 60 cent.; larg., 1 mètre.

HENNER

25 — *Tête de femme.*

Une jeune femme brune au teint mat, vue de profil à gauche ; ses cheveux tombent sur ses épaules ; elle est vêtue d'un manteau noir qui s'ouvre pour laisser apercevoir le col blanc et la gorge prise dans un corsage de mousseline.

Signé en haut, à droite.

Toile. Haut., 46 cent.; larg., 38 cent.

HENNER

26 — *Étude de femme.*

De profil à gauche, la tête légèrement penchée vers l'épaule droite, le corsage entr'ouvert, les cheveux châtains où courent quelques lueurs fauves.

Signé à gauche, en haut.

Panneau. Haut., 26 cent.; larg., 21 cent.

HENNER

27 — *La Veuve.*

Assise, vue jusqu'à mi-corps de profil à droite ; les cheveux aux reflets fauves s'échappant de la coiffure en crêpe noir.

Signé en haut, à droite.

Panneau. Haut., 33 cent.; larg., 25 cent.

ISABEY

28 — *La Nymphe fleurie.*

Dans le bois tous les faunes lui ont offert des fleurs ; elle est vue jusqu'à mi-corps, les bras et les cheveux chargés de roses qui font valoir l'éclat éburnéen de ses épaules et sa gorge.

Signé à gauche.

Panneau. Haut., 16 cent.; larg., 12 cent.

JACQUE

29 — *Bergère et moutons.*

Dans un bois, qui dévale en pente douce, une bergère, debout, garde ses moutons, et est aidée dans sa tâche par un chien brun.

Signé à gauche.

Toile. Haut., 81 cent.; larg., 65 cent.

JACQUE

30 — *La Maréchalerie.*

Le maréchal ferrant est en train de ferrer un cheval gris pommelé dont son aide soutient la jambe.

Signé à gauche.

Panneau. Haut., 20 cent.; larg., 29 cent.

JACQUE

31 — *Sur le fumier.*

Des poules en train de picorer sous le regard majestueux d'un coq.

Signé à gauche.

Toile. Haut., 26 cent.; larg., 34 cent.

JONGKIND

32 — *Bateau sur l'Escaut.*

Sous le ciel où courent de grands nuages, l'eau roule, portant des bateaux à larges voiles et frissonnant sous des rayons de lune. A gauche, dans l'ombre, se dresse la silhouette des arbres et des constructions.

Signé à droite et daté 1869.

Toile. Haut., 32 cent.; larg., 46 cent.

LAMBINET

33 — *Dans le jardin.*

Signé à droite.

Panneau. Haut., 43 cent.; larg., 36 cent.

LE BLANT

(J.)

34 — *Un Chouan.*

Un chouan debout, en faction, les deux mains croisées soutenant le fusil, les pieds guêtrés s'enfonçant dans le sol neigeux.

Signé à gauche.

Toile. Haut., 23 cent.; larg., 18 cent.

LELOIR

(LOUIS)

35 — *Joueur de théorbe.*

Il s'est assis sur une peau de bête, dans le boudoir aux tapisseries discrètes, et chante un virelai d'amour en s'accompagnant sur le théorbe.

Signé à droite, 1872.

Toile. Haut., 30 cent.; larg., 40 cent.

LEMATTE

36 — *Les Deux Sœurs.*

Deux petites Italiennes, dont l'une est endormie, la tête posée sur les genoux de l'autre.

Signé à gauche : Rome, 1872.

Toile. Haut., 52 cent.; larg., 75 cent.

LÉPINE

37 — *Paysage.*

Haut., 24 cent.; larg., 33 cent.

LÉPINE

38 — *Bords de rivière.*

Haut., 23 cent.; larg., 33 cent.

LUMINAIS

39 — *L'Invasion.*

Les Gaulois, montés sur leurs chevaux vigoureux, et les Gauloises traînées sur des chariots attelés de bœufs s'enfuient à travers la campagne désolée, dans une infernale terreur devant l'invasion qui va dévaster les bourgs. Au ciel, de grands nuages sombres qui semblent vouloir cacher la géhenne colossale.

Signé à gauche.

Toile. Haut., 76 cent.; larg., 90 cent.

LUMINAIS

40 — *Roland à Roncevaux.*

Signé à droite.

Panneau. Haut., 42 cent.; larg., 31 cent.

LUMINAIS

41 — *Le Vainqueur.*

Ils viennent de se battre; le vainqueur, le regard triomphant, élève la tête de son ennemi, qu'il vient de trancher; près de lui, son cheval tend la tête à l'odeur du sang, et, dans le fond, le cheval blanc du guerrier vaincu s'enfuit au galop.
Signé à droite.

Panneau. Haut. 66 cent.; larg., 51 cent.

LUMINAIS

42 — *En chasse.*

Deux gentilshommes Henri II élancés au galop de leurs chevaux bruns et sonnant de la trompe; près d'eux, un lévrier suit la course.
Signé à gauche.

Panneau. Haut., 38 cent.; larg., 45 cent.

MAIGNAN

43 — *La Femme aux perruches.*

Elle est debout en coquet accoutrement et refuse à un perroquet le morceau de sucre qu'elle va partager entre ses deux perruches.
Signé à gauche.

Toile. Haut., 47 cent.; larg., 32 cent.

MUNKACSY

44 — *Paysan hongrois.*

Debout, vêtu d'une houppelande, débraillée, la physionomie brutale, le regard inquiet.

Signé en haut, à droite.

Panneau. Haut., 72 cent.; larg., 65 cent.

ORTEGO

45 — *Sur la porte.*

Une sénora, la tête enveloppée d'une mantille, debout sur le seuil de sa porte.

Signé à gauche.

Panneau. Haut., 38 cent.; larg., 24 cent.

PALMAROLI

46 — *Étude de tête.*

Étude de tête d'homme, vue de trois quarts, à droite.

Signée à gauche, en bas; datée en haut, à droite, 1868.

Toile. Haut., 39 cent.; larg., 30 cent.

PILS

47 — *Un Zouave.*

Un zouave, vu de face, en train de remettre son sac.

Signé à gauche.

Panneau. Haut., 26 cent.; larg., 17 cent.

PLASSAN

48 — *Les Vives Eaux près Melun.*

La plaine; de l'autre côté de l'eau, un bois, sous un ciel largement ennuagé; à droite, deux paysannes occupées à des travaux agricoles.

Signé à droite.

Panneau. Haut., 17 cent ; larg., 31 cent.

RIBOT

49 — *A l'étude.*

Un jeune garçon assis devant un album ouvert qu'éclaire une lampe.

Signé à droite.

Panneau. Haut., 23 cent.; larg., 17 cent.

RICHET

50 — *Figure dans un paysage.*

Signé à gauche, 1873.

Panneau. Haut., 38 cent.; larg., 26 cent.

RICHTER

51 — *Indiscrétion.*

Une soubrette cherchant à lire un billet adressé a sa maîtresse.

Signé à droite.

Toile. Haut., 22 cent.; larg., 14 cent.

ROYBET

52 — *Mélancolie.*

Belle de ses vingt ans, dans son coquet boudoir aux mille bibelots, elle est assise accoudée, pressant sa tête angoissée entre ses deux mains.

Signé à gauche.

Toile. Haut. 57 cent.; larg., 46 cent.

ROYBET

53 — *Le Page.*

Près de la tapisserie, un jeune page, souriant, attend qu'on lui ouvre. Il tient derrière lui, de sa main gauche, sa toque de velours rouge.

Signé en haut, à gauche.

Bois. Haut., 58 cent.; larg., 40 cent.

ROYBET

54 — *Le Joueur de mandoline.*

Panneau. Haut., 60 cent.; larg., 38 cent.

STEVENS

55 — *A la niche.*

Un chien basset griffon, assis sur son arrière-train devant sa niche et aboyant.

Signé à droite.

Toile. Haut., 76 cent.; larg., 55 cent.

VOLLON

56 — *Un Buveur.*

Un gentilhomme Henri II, vêtu, est coiffé de blanc et enrubanné de bleu; il est vu jusqu'à mi-corps et tient un verre de sa main droite.

Signé en haut, à gauche,

Panneau. 31 cent. 1/2; larg., 24 cent.

AQUARELLES

PASTELS ET DESSINS

ANDRIEUX

57 — *Cavalier seul.*

Un bal dans la campagne, un jour de réjouissance publique.

Signé à gauche.

Aquarelle. Haut., 28 cent.; larg., 39 cent.

ARCOS

58 — *La Guitariste.*

Signé à gauche, 1873.

Aquarelle. Haut., 32 cent.; larg., 19 cent.

BERTALL

59 — *Un Personnage de Balzac.*

Debout, vêtu d'une longue redingote, de profil à droite, un bouquin sous le bras, une tabatière à la main, où il va puiser.

Signé à gauche, 1873.

Aquarelle. Haut., 20 cent.; larg., 12 cent.

BIDA

60 — *Fumeur turc.*

Debout, appuyé contre un portant, une pipe à la main.
Dessin rehaussé de blanc sur papier bleuté.
Signé à droite.

Haut., 29 cent.; larg., 22 cent.

BIDA

61 — *Un Turc.*

Dessin au crayon noir rehaussé de blanc.
Signé à gauche.

Haut., 30 cent.; larg., 22 cent.

BONVIN

62 — *Une Liseuse.*

Assise sur une chaise haute, la tête dans la main, la liseuse penche la tête sur un livre; ses genoux lui servent de pupitre; elle a posé ses pieds sur un tabouret où dort un gros chat pelotonné.
Signé à droite, 1843.

Aquarelle. Haut., 29 cent.; larg., 22 cent.

BOUCHER

63 — *L'Amour endormi.*

Il est couché mollement sur des coussins et dort, tenant d'une main une rose et de l'autre son carquois.

Dessin au crayon noir retouché de blanc.

Haut., 16 cent.; larg., 23 cent.

CHARLET

64 — *Intérieur.*

Aquarelle. Haut., 20 cent.; larg., 24 cent.

DORÉ

65 — *Zacharie prophète.*

Bois pour la Bible.

Signé à gauche.

Haut., 25 cent.; larg., 20 cent.

(*Vente Théophile Gautier.*)

DREUX

(DE)

66 — *Artilleur.*

Un artilleur debout, de face, accoudé contre un balustre.

Aquarelle. Haut., 28 cent.; larg., 20 cent.

DREUX

(DE)

67 — *Un Lancier.*

Un lancier assis, la main droite à la hanche, le coude gauche relevé et appuyé au pommeau du sabre.

Aquarelle. Haut., 28 cent.; larg., 20 cent.

FELON

68 — *Étude.*

Une jeune femme, pieds nus, de profil à droite, marchant avec précaution.

Dessin à la sanguine, rehaussé de blanc.

Signé à droite.

Haut., 28 cent.; larg., 20 cent.

GANDI

69 — *Au Prêche.*

C'est dans une église de campagne; les paysans sont massés, assis ou debout, devant la chaire; vieilles femmes, vieux hommes, fillettes, tous assistent silencieux au prêche, portant dans leur attitude et dans leur regard vivant la psychologie où se trahissent la foi qui espère et le scepticisme des déceptions vécues.

C'est là une œuvre extraordinairement pensée et d'un art magistral.

Signé à droite.

Aquarelle. Haut., 1 m. 9 cent.; larg., 75 cent.

GAVARNI

70 — *Une Caricature.*

Dessin à la sanguine.
Signé à gauche.

Haut., 32 cent.; larg., 24 cent.

GAVARNI

71 — *Deux Pierrots.*

Ils se disputent tous deux, face à face, nez à nez, avec cette légende :
— Toi ?
— Oui ! moi.

Aquarelle. Haut., 31 cent.; larg., 22 cent.

JACQUE

72 — *Dans la basse-cour.*

Une paysanne jetant du grain à ses poules.
Dessin rehaussé d'aquarelle.
Signé en haut, à droite.

Haut., 12 cent.; larg., 11 cent.

JACQUE

73 — *L'Enclume.*

Deux forgerons en train de marteler un fer sur l'enclume.

Dessin au crayon noir sur papier crème.

Signé à gauche.

Haut., 14 cent.; larg., 11 cent.

LELOIR

(LOUIS)

74 — *La Cigarette.*

Une jeune femme vêtue d'un costume bariolé est paresseusement couchée sur un sofa aux tapisseries d'Orient. Sa tête souriante s'appuie sur le bras droit allongé, dont la main tient une cigarette fumante.

Signé en haut, à droite, 1874.

Aquarelle. Haut., 24 cent.; larg., 36 cent.

MONNIER

(H.)

75 — *Portrait de l'auteur.*

Dessin signé à gauche.

Haut., 16 cent.; larg., 11 cent.

(*Vente Théophile Gautier.*)

NITTIS

(DE)

76 — *La Dame à l'ulster.*

Sur le fond des frondaisons rouillées, une jeune femme debout vêtue d'un long manteau havane, ouvert sur une robe de velours bleu, la tête coiffée d'une capote de même couleur. Elle tient de ses deux mains son ombrelle passée derrière son dos.

Signé à droite.

Pastel. Haut., 1 m. 16 cent.; larg., 88 cent.

NITTIS

(DE)

77 — *Le Tour du bois.*

Une jeune femme en victoria faisant sa promenade au bois; elle est vêtue de noir et abrite son profil à droite sous une capote de peluche à fleurs rouges et sous une ombrelle également noire. A droite, au-dessus des pelouses et du lac, des arbres au feuillage jauni par l'automne.

Signé à gauche.

Pastel. Haut., 91 cent.; larg., 65 cent.

NITTIS

(DE)

78 — *Longchamp.*

Au bord de la grille, le long de la piste, deux jeunes femmes suivent attentivement les courses. De l'autre côté le grouillement de la foule.

Signé à droite.

Aquarelle. Haut., 23 cent.; larg., 35 cent.

VIBERT

79 — *Duo d'amour pour violon seul.*

Tel est le titre du morceau que déchiffre un chanoine, d'un archet mélancolique.

Dessin au lavis.

Signé à droite. Monogramme des aquarellistes.

Haut., 25 cent.; larg., 18 cent.

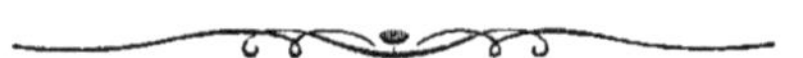

www.ingramcontent.com/pod-product-compliance
Ingram Content Group UK Ltd.
Pitfield, Milton Keynes, MK11 3LW, UK
UKHW020525180726
13839UKWH00005B/2310

9 782329 536651